아직은 살아있다는 말이 슬픈 것이다

이태숙 시집

시인동네 시인선 208   이태숙 시집

아직은 살아있다는 말이 슬픈 것이다

시인동네

시인의 말

세계는 다정함을 잊었고
나는 말을 잃었다.
잃은 것들이 가득한
이젠 내게 없는 것들이 자꾸만 생겨나는 세계

둥글게 뭉쳐지는 그런 것들
그런 마음

오늘도 그런 시간을 묵묵히 지나가는 중이다.

2023년 7월

이태숙

차례

시인의 말

제1부

소 · 13

잃어버린 말 · 14

잎에서 입으로 · 16

흔적들 · 18

바다와 나비 · 20

그림 속에서는 여전히 눈이 내리고 · 22

감바스 · 24

계란의 세계 · 26

떨어져도 된다고 말해주었어야 했다 · 28

빙하의 잠 · 30

새 · 32

슬픔의 출처 · 34

겨울 자작나무 숲에서 · 36

제2부

드림캐쳐 · 39

국화차 · 40

배웅 · 42

생각 카페 · 44

밤의 바다에서 · 46

조우(遭遇) · 49

섣달 하현을 품다 · 50

손가락을 만져본다 · 52

손톱 · 54

예보 · 56

달개비의 생 · 58

어떤 울음 · 60

제3부

오늘의 마음 · 63

틈의 목소리 · 64

구두를 읽다 · 66

금지된 재현 · 68

불면 · 70

기억의 지속 · 72

봄밤 · 74

살을 쏘다 · 76

안경 · 78

오전 10시의 여자 · 80

오지(奧地) · 82

골목의 탄생 · 84

11월 잎들에게 · 88

꽃이 한 번 더 크게 울었다 · 90

제4부

파놉티콘 · 93

노을 · 94

눈물의 온도 · 96

볏뉘 · 98

복수초 마음 · 100

오로라를 찾아서 · 102

어떤 마라토너 · 104

둥근 모서리가 아름답다 · 106

화엄사 흑매(黑梅) · 107

엄마라는 말 · 108

일몰 후 · 110

황금 편백의 울음 · 112

폐차장 가는 길 · 114

누군가의 안부 · 116

해설 슬픔과 재생의 언어 · 117
    이정현(문학평론가)

제1부

소

반은 아름답고
반은 쓸쓸해서

내가 사랑을 하면 저럴까 생각했다

그림자는 자꾸만 길어지고
방울 소리는 홀로 산 아래로 내려간다

입이 있으나 말할 수 없고
내 눈 속에 있지만 내게 없는

새삼스러울 것 없는 슬픔처럼
그리운 것들은 다 너머에만 있다

눈부시게 잘 있을 것이다

반은 쓸쓸했으니까
그 반으로 잘 살아갈 것이다

잃어버린 말

하루살이처럼 닫혀버린 입
머리카락을 훑고 지나가는 바람처럼
내 몸을 스쳐도 생각나지 않는 말

입이 없는 말
말이 없는 입

만질 수도 없을 만큼 부드러웠던 단어가
끝없이 나를 흔드는데
불러줄 수가 없다
그 흔한 말이 목에 탁 걸릴 줄 몰랐다

자기를 걸러서 마셔야 된다고
몇 마디 단어가 놓여 있다
심장까지 턱턱 막히고
이어야 할 다음 단어가 생각나지 않는다
눈물이 흐를 뿐이고
온몸으로 적실 뿐이다

나의 문장은 늘 거기에서 멎고 말았다

아무것도 할 수 없는 우두커니가 되어
순간에 갇히고 만다
빗장이 걸린 시어 하나
끝낼 수 없는 문장

수만 번 불러도 운명적인 말
목소리의 움직임인지 마음의 흔들림인지
투명한 공기들의 부드러운 다정만이
입 안 가득 고인다

그저 깊고 넓은 생각 속에서 운다

잎에서 입으로

비밀이 많은 표정과 빈방은 닮았다
나는 그 사이에서
어느 쪽으로 기울어져야 하는지 몰라 서성인다

사는 일은 늘 조금은 기울어져야 하는 일이었다
잎들이 모여 표정이 되고 얼굴이 되는 동안
간혹 햇볕이 드나들고
빈방은 여전히 빈방으로 늙어가는 동안
올리브 나무는 내게 없는 마음을
반짝이는 잎으로 전해준다

비밀이 생겼다는 것은 얼마나
겹겹이 잎마다 머뭇거림이 생겼다는 말
내게는 그런 귀가 생겨나고 있다

말하고 싶은 이파리 몇 장들이
빈방을 바라볼 때
나는 올리브 잎들을 바라보며 말한다

그래도 괜찮다
이것이 월요일부터 일요일까지의 우리의 기록

찾아오는 사람조차 하나도 없는 밤이 되어도
잎만 있고 입이 없으니 넌 소리 내어 울지도 못하지만
비밀은 울음보다 더 깊지

표정으로 말해도 돼
난 마지막 날 자정쯤 안녕을 고할 테니까

다소곳이 화분에 물을 준다

흔적들

흐르는 강물에도 흔적이 있다
잘 가라고 말해주는 마음이 있고
보낼 수 없어 함께 흘러가는 마음이 있다면
눈물은 중력을 거슬러 올라
절벽으로 떨어지는 마음

눈물이 말라가고 있다
하늘과 바람과 구름과 당신을 보던 눈동자
그 안에 고인 눈물이 차갑게 사라지고 있다
사라지는 것도 흔적을 남긴다
나는 때로 그 흔적으로 살아간다

강물에 두 발을 담근다
강물로 사라지는 발목처럼
함께 흘러갈 수 없음이 슬픈 날
살얼음 내장을 휘감고 흐르는
당신이 묻어둔 알 수 없는 길을 향하여
나는 질문 없는 답을 흘려보낸다

캄캄해요
여기는

강물 속에는 얼마나 많은 물고기들이 흩어지고 있을까요
감을 수 없는 눈으로
캄캄함 속을 얼마나 멀리까지 끌고 다녀야 할까요
그 캄캄함이 환해지려면 강물은 얼마나 흘러야 하는지

서로의 울음을 듣지 못한 채, 사라지고 있다,
내 안에 슬픔을 먹고 자라던 치어들은 어찌할 줄 모르고

바다와 나비

나비 한 마리
북풍도 아닌 것이 배를 밀고 있다

바다는 푸르고

그것과 상관없다는 얼굴로
온몸으로 밀고 있다

바람이 책장을 넘기듯 불고

그 모든 것이 상관없다는 듯
접은 날개를 펼치며 밀고 있다

낡고 오래된 배였다
페인트칠이 다 벗겨진 채 기울어진 마음을 핥고 있었다

속도도 없이
고요하고

평화로운 시간이 필사적으로 흐르고 있다

난 그런 문장을 본 것 같다
비문처럼 해독되지 않는 그런 생활이었다

이 세계를 건너기에는 너무 슬픔이 많다

나비의 목소리가 들리며
나를 끌고 호접몽 속을 헤맬 때
비문증의 빛처럼 배가 움직이기 시작했다

그림 속에서는 여전히 눈이 내리고

눈은 언제나 뒤늦게 내린다

눈이 오는 동안 사람들은 주술에 걸린 듯
조금 다정해지고
다락방 불빛처럼 따뜻해져서
가까워진다

그림은 거기에 멈춰 있다

그림은 그림이 아닌 공간으로 달리고
그림이 아닌 공간은 그림 속으로 달려왔다

불빛이 꺼진 거리처럼
모르는 사람의 발걸음만 겹겹이 서성이고
나는 중언부언 말을 건네려는 듯
그림 앞에 서 있다

이것이 최선이었을까

어떤 후회들이 마음 밖으로 달려 나가고
나는 마음도 없이 어떻게 서 있는 것일까
마음과 마음 잠시 그 사이에서
어떤 그림 속을 걷는다
말도 없이 관람자가 되어
이 세계를 곧 떠날 사람처럼

등 뒤로 눈이 내린다
나를 재촉하는 세계
작별의 글이라도 한 줄 적어보고 싶어서 나는
한 발자국 뒤로한 채로

오래 서 있있다

감바스

몸을 구부린 것들은 그것대로 생활이 있던 것
냉동 새우를 해동하며
끝내 펴지지 않는 내 생활을 본다
속기록처럼 남아 있는 슬픔의 고백들처럼
잔뜩 구부린 채

구부러진 그것으로 새우
펼 수 없는 그 마음으로 새우
펴지 않고 고백하지 않고
웅크림으로 유일해지려는 새우

죽은 것이다
죽어서 없고
죽어서 지금 있다

나는 말이 없고 새우도 말이 없으니
어떤 고백 같은 시간이 흘러간다
흘러가는 걸 가만히 바라본다

새우도 나도 그렇다

다 죽은 것이었구나

뜨거운 올리브유에 들어가는 순간
처음보다 더 굳건하게 굽어버린다
온몸이 발개지면서
초승달 모양이 되어버린 몸

끝내 지켜낸 구부러짐이 흰 접시 위를 장식한다
우린 각자의 방식으로 같다

바다가 있는 쪽으로 마음이 확 휜다

계란의 세계

계란을 쥐어 본다
온도가 없는 세계
온기를 내어줄 세계는 떠난 지 오래

불임인 내가 가만히 응시한다
내게 있으나 내 것이 아닌 세계
이리저리 굴려보아도 표정을 읽을 수 없다
아직 표정이 되지 못한 세계
힘껏 쥐지도 못하는 세계

낮은 높이에서 떨어져도 깨지고 마는
그런 세계의 약속

누가 나를 들어 가만히 떨어트린다
오래
떨어진다

감자탕집 좁은 골목에 앉아 깊고 길게 담배를 피운 적 있다

골목에는 언제나 모르는 사람들로 가득하고
그들과 나는 어떤 약속도 없다
내가 낯설어질 때마다 겨우 울었던가
끈적한 점액질이 발바닥 밑으로 흘러들었다

너무 쉽게 깨진다는 생각
마치 깨어질 것을 예상했다는 듯
금이 간 모든 것들은 이미 후회로 가득했다

깨진 후에야 깨닫게 되는 생
비린내가 진동한다

거세된 모습은 서로 물끄러미 말이 없다

떨어져도 된다고 말해주었어야 했다

거미줄에 매달린 빗방울 흔들린다
얼마쯤 견디면 떨어질 수 있을까
견딤이 떨어짐을 위한 것이라면
나는 너무 오래 견뎌왔다

빗방울은 말이 없고
나의 궁리는 더욱 무겁고 둥글어진다

그런 것이다
둥글어진다는 것은 빈칸 없이 견딤을 채우는 것

그 모든 궁리가 다했을 때
비로소 툭 놓을 수 있는 마음도 없이
나는 일찍이 세계로부터 떨어져 나온 빗방울
뭉쳐진 빗방울을 보면
그만 떨어져도 된다고 말해주었어야 했다

거미줄에 매달린 빗방울 흔들린다

저 오랜 질문에 대하여
아직도 다하지 못한 대답
나는 지금도 둥글게 뭉쳐지고 있다고
그때로부터 지금까지 이렇게 흔들리고 있다고

빗방울은 나의 또 다른 얼굴
떨어지지 않고 점점 추처럼 매달린다
밤보다 더 무겁고 더 어둡다
친절해지지 않은 이 세계의 밤
나는 나에게 그만 떨어져도 괜찮다고 말해주었어야 했다

빙하의 잠

만년 동안의 잠이 풀어지고 있다
아프다는 말도 없이
어떤 대답처럼
쉼 없이 젖은 발을 내어놓는다

저 많은 발들이 한꺼번에 눈물이 된다는 것
네가 한없이 아름다운 결심으로 서 있을 때
달빛은 언제나 네 머리를 만져주었고
긴 잠의 머리맡을 지켜주던
창백하고 아름다웠던 말을 기억한다

봉인된 기억이 하나하나 빠져나갈 때
안으로 삼켰던 길고 긴 잠이
젖을 발을 녹이고 있다
잠들려 했지만 잠들 수 없었던 것은
크레바스에 빠진 탐험가의 의지를 품고 있어서만은 아니다

차갑게 사라질 바깥을 보고 있다

액체의 시간만이 미아처럼 흘러가고
내부가 쓰러진다
내부가 먼저 죽는다
그렇게 눈물은 언제나 내부에서부터 시작된다

나의 발밑이 움직인다
질문마저 삼켜버린 인간들은 대답이 없다
흩어지는 계절처럼
고개를 돌리면 거기 어떤 세계가 서 있는지
아무도 몰랐다

입을 다문 혹은 입이 없는
그런 세계였다

새

응급실 복도를 걷는다
환한 어둠 속
똑같은 유리 창문처럼
한 번도 끝까지 가보지 못한 마음처럼

누구도 어딜 가냐고 묻지 않는 밤

어둠조차 얼룩으로 고요해질 때
뛰어드는 것과 사라지는 것이 다르지 않다는 걸 알았다
성지순례를 막 마친 노인처럼
잊으려 할수록 더 선명해지는 기억으로
앞뒤의 얼굴에 투명과 어둠이 표정으로 갈라진다

참회의 시간은 언제나 늦고
나가는 문과 들어오는 문이 같다는 것은 어떤 마음일까

살아지는 걸 용서할 수 없어서
걷는 것이다

복도 끝은 날마다 연장되고
끝이 끝을 낳는다는 걸 견딜 수 없어서
나의 걸음은 한없이 느려진다

당신의 어두운 이마에서 날아가는 새를 보았다
허공의 계단을 따라 슬로우로 슬로우로
마치 차곡차곡 쌓인 슬픔을 건네는 것 같았다
다하지 못한 말들이
나이테처럼 생겨나고 있었다

누가 기다리고 있는 것이다
당신을
나를

슬픔의 출처

빨래를 널어두면
빛과 바람이 빈 관절들 속으로
잘 아는 사람을 찾아가듯 지나간다
때로는 흔들리고 부푸는 마음처럼
때로는 끝내 보낼 수 없는 마음처럼
흰옷에 남아 있는 얼룩

몸을 반쯤 접은 사람처럼
바닥을 향해 걸려 있는 빨래들보다 얼룩이 더 반짝인다
오래 보면 무늬가 되는 얼룩
머뭇거리는 밝음 속으로 숨어들어도
걷으러 오는 사람 없으니
비극적인 긍정일까요 긍정적인 비극일까요
긍정은 눈을 가리면서
비극이 저녁의 등을 떠밀어요
비가 온다는 뉴스를 듣고도
불확실한 예보까지 사랑했어요

꾹꾹 밟은 후 쥐어짜도
사라지지 않는 슬픔 속에도
밑줄 치며 읽은 문장처럼
그 속으로 바람과 햇볕이 무심하다

다시 태양이 떠오를 방향을 향해
움츠러든 당신을 털어서 널어요
어차피 이별은 둘 중의 하나일 테니까요
건조한 척을 하거나
끝없이 가라앉은 척을 하거나

나는 알고 당신은 모르는
슬픔의 출처

겨울 자작나무 숲에서

  숲의 나무들은 서로를 껴안고 잠든다 잠들어서 서로의 꿈속을 걸어다닌다 서로의 꿈속을 걷다가 상처를 만나면 모여서 깊은 잠을 잔다 그 잠 주변에는 차갑고 따뜻한 결심이 눈물 자국처럼 번져 있다

  겨울 자작나무 숲에서 흰색 말을 보았다
  보일 듯 안 보였다
  보이는 건 슬픔뿐이었다
  좀 날뛰어도 괜찮을 거라고 말해주었다

  나는 나무 밑에 서 있었다 오래 서 있었다 나뭇가지가 흔들리며 눈송이가 햇빛을 안고 쏟아졌다
  누군가의 울음 같았다

  누군가 살고 있을 것만 같았다 함께 울어야지 생각했다
  다 울 수 있는 거라면
  깨어나지 않을 거라고 다짐했다

제2부

드림캐쳐*

매번 당신은 울거나 웃고 있다

누가 더 가엾을까
누가 더 오래 우는 것일까

다만 나는 참는다
단정하려고 애쓴다
피투성이가 되어

내 꿈이 해석될 때마다 당신의 하루가 닫힌다
단 하나의 문장만 그물에 걸려 파닥인다

오래 옮겨가는 마음을 본다
어디에도 닿을 수 없어서
썩어갈 수 없어서

나를 밀어가는 것이 내가 아님을 알고 있다

---
*아메리카 원주민이 만든 것으로 가지고 있으면 악몽을 거르고 좋은 꿈을 꾸게 해 준다는 기구.

국화차

몇 번을 더 덖어내면
당신의 가장 찬란했던 슬픔이 가벼워질까
그럴 리 없다
이 적막이 따뜻해질 리 없다
바라보는 것만으로도 아픈 둥근 꽃잎들

꽃들을 앞에 두고
아무 말 없이 오래 쏟아지는 마음을 보고 있다
이젠 내 마음도 당신 마음도 아닌 것
색깔을 버리고 빛을 잃고
잠드는 다정함

당신의 모든 것은 메마름을 간직하는 것
잊으면 아플 것 같은 계절의 모습으로
오래 간직하려는 향기를 향해
시간의 결 바람이 다 가져가도
미라의 방식으로 고백들이 남을 때

나는 나를 놓치고 만다
달아났던 색깔들이 물속에서 웃고 있다
참으로 따뜻한 잠이구나
달콤하게 풀리는 고요

당신은 언제부터 거기에 있었나요
물속의 잠이 눈처럼 내릴 때
나는 그 속을 걷는다
물결의 흐름에 따라 출렁이는 슬픔도
지금은 한낮의 잠

마른 꽃을 담그며 나는 본다
상처가 결국에는 그 온유로 덮이는 것도
나는 나를 잃고서야 보는 것이다

배웅
―종이배

별빛이 좋아서 종이배에 올라탄
당신은 아무 말이 없다
기척을 물그림자 밑으로 삼키며
적막하게 떠내려간다
멀어지면서 더 가까워지는 거리가 있다는 걸 알았다

시작과 끝이 없는 강물 위를
당신은 떠가고
나는 오래된 미련처럼 여기와 거기를 서성이는 것이다

일찍 멀어지는 건 참을 수 있지만
위태로운 이별은 견딜 수 없다
이젠 낮과 밤이 없는 시간이 올 것을 안다
어떤 온도는 다시 만질 수 없다는 것
죽어도 자라는 손톱 같은 마음을

붉은 배경 속에서
온몸을 적시며 속울음이 지시하는 방향으로 흐른다

얼룩으로 채워진 당신의 이력과
발설하지 못한 사연을 싣고
끝내 기록(奇緣)이 되어 흘러간다

별빛을 보면 당신은 거기 있는 거다
별빛이 없다면 당신은 어디에나 있는 것처럼
바람이 위로하듯 등을 밀어준다

종이배에 스미는 물처럼
나는 가까스로 살아지겠지만
날마다 이국의 언어로 편지를 쓰겠지
세계의 모든 끝이 내게로 흐르던 시간이 지나면
나는 별빛조차 사랑하게 되겠지

생각 카페

생각을 찻잔에 넣어 저어본다
과거와 미래를 믹스한다
1초 동안 세계를 한 바퀴 돌고 돌다
흩어지는 생각의 조각들을 조율한다
이젠 지금 여기를 음미할 차례
가을에게 질문을 한다
죽음이 먼저 찾아올 때까지
언제까지 방치하면 될까
천천히 혹은 빠르게
생각이 빠져나가는 속력으로
늙어가는 일은 배웅일까 마중일까
내 앞에 나의 대역처럼
자투리 시간을 달고 있던 낙엽들
와르르 궁핍처럼 달려든 이유를
생각 이후에 찾아올
응급실에겐 묻지 않기로 한다
이럴 땐 음악보다 대화가 필요하다
그런데 힐끔 바라봐도

옆자리의 남자는 오래전에 금이 간
찻잔처럼 앉아 있다
생각이 아장아장 걸어오길 기다리는 중이다
탁자에 놓여 있는 건 숫자놀이판
3이란 글자만 계속 만지작거리는 것을 보니
손이 머리보다 더 기억력이 좋다
나는 이 카페의 단골인 그를 잘 안다
요양병원 생각 카페의 커피 맛이
종로3가역 입구 찻집에서
오후 3시에 들이킨
허무의 맛인 것도 잘 느낀다

갑자기 간호사가 나에게 와서 묻는다
할머니 신랑 알아보시겠어요?

밤의 바다에서

잘 있지? 끝까지 같은 모습이구나

나는 유령처럼 서 있고
당신은 나처럼 앉아 있는 밤

가로등 아래에서 모르는 사람들이 배드민턴을 치고 있다
매번 다른 길을 날아가서
다른 길로 돌아오는 셔틀콕
내가 당신의 손을 잡을 수 없다는 건 그런 것이다
네트에 걸려 툭 떨어지는 마음들
그런 결심들

당신을 잃고 나는 말을 잃었다
네트 너머엔 아무도 없고
사방은 밤의 바다를 닮아갔다
날마다 바다는 넓어졌고 멀어졌고
부풀고 아팠으므로

당신을 잃기로 했다
당신의 모든 걸 기억하는 방식으로

불면은 슬프지 않았다
숫자를 세다가 다시 헝클어지는 금요일 밤
나와의 비밀을 발설할 것 같은 밤의 입술이
밤의 바다보다 검게 풀어지고 있다
바다를 걸었다
병든 마음으로 오래도록 걸었다

새벽과 아침 사이

난 가장 쉬운 사람이 되어가는데
태양에게 잠을 허락하고 몸을 내줘도 악몽은 변하지 않는데
난 계속해서 불면의 진행형
식탁은 밤보다 아침에 더 많이 비극적이다
식탁과 의자의 날씨는 매번 주의보를 훌쩍 뛰어넘는다

그래도 나의 감정은 매우 조촐하고
당신이 앉았던 식탁 의자가
얇아진 얼굴을 든다
휘어지는 해안선은 나처럼 걸어온 얼굴이다

이제 그만 집에 가야지요

조우(遭遇)

  불빛이 물속에서 수런거린다 은밀히 속삭이는 빛의 산란, 내겐 무늬가 아니라 문체로 보인다 읽을 수 없으나 다정한 글자들이 물결을 따라 찰랑인다 안녕을 묻는 듯하고 쓸쓸히 돌아서는 뒷모습 같기도 한 물속 언어의 리듬 몇 개의 문장들이 지나가고 나는 엉킨 문장들에 젖고 있다 배웅을 끝내고도 당신은 귀가할 줄 모르는 나의 말을 묵묵히 듣고 있다 나는 물 위에 글씨를 쓴다 자꾸만 슬픈 얼굴이 생겨난다 물속 집이 보인다 당신은 묵묵히 집에 불을 켜고 거기 서 있다

  내 마음을 아는지 모르는지 어둔 밤 속으로 철새 한 마리 획 지나간다 잔잔해진 물가로 물고기 몇 마리 모르는 척 지나가고 물속에 발을 담근 채 갈대들은 싱싱하게 키를 늘린다 그대로여서 다행이다 은밀한 만남을 알고 있는 게 나뿐이어서 짜릿하다 물속까지 스며들도록 허밍을 날린다 남겨진 사람의 슬픔을 암호처럼 밀어넣는다 당신은 이미 내 노래를 들을 수 있는 물의 귀를 가졌으니 혼불 두 개가 만나 물춤을 춘다 몸을 섞는다 호수라는 무대에서 당신과 난 밤새 주인공이다

섣달 하현을 품다

가늘고 긴 사다리 같더라
어둠이 오르는
바람이 오르는

그리고 당신이 올랐던

그믐의 감정으로 치닫다 미끄러지는 저녁
능선을 따라 산을 넘어
또 산을 넘어 하얀 들녘을 밟으며
겨울 철새 울음 따라 속울음을 삼켰다

나의 저녁은
달의 저녁은
무엇이 되어 어디에 가는 걸까

차라리 폭설이었으면
그 많은 발걸음의 방향을 몰라도 좋을 텐데

닿을 수 없이도
당신은 나의 손금처럼
가깝고 분명해서
어루만져지지 않는
뜨겁지만 차가운 달빛에
나는 날카롭게 베이고 있다

붉은 피가 가늘게 흐르는
달의 사다리

손가락을 만져본다

난 왜 아프지?
대답 대신 손가락을 만져본다
길고 예쁘다는 말 대신
구름의 갈피에서 다가오는 말
깊숙한 곳이 자꾸 저릿하다

주민센터 계단을 내려오기 전
거리는 그대로 누워 있었다
나는 그 거리 속으로 흘러 들어갈 것이다
그리고 어느 골목 속으로 숨어들겠지만
세계는 내게 말 걸지 않는다
이젠 그것이 내게 말 거는 것이라는 것을 알고 있다
그런 것이다
모두
먼지처럼 흘러간 시간의 대답

그래도
그 길을 걷는 것이다

아무도 없는 길을 걸으며 마음껏 슬퍼 보는 것이다
내가 마음껏 누릴 것이 그것밖에 없다 해도
누가 뭐라든

나의 얇은 가면을 두껍게 뒤집어쓰고
한발 뒤처져서
랄랄라, 슬픔을 궁글리는 것이다
더 넓은 광장으로 가는 것이다
손가락 끝이 향하는 곳
아무도 잡아주지 않는 손이 빨갛게 저물도록

손톱

바깥엔 무엇이 있나
손톱은 끝인 줄 알면서도 바깥으로만 자란다
자라는 것은 나로부터 자꾸만 멀어지고
나는 자꾸만 안으로 자란다
내 살을 파고든다
구부러진다
슬픔이 태어난다

당신에게 닿으려고 나는
손톱 속의 반달 속으로 걸어간 적이 있어
갇혀 있는 투명 속을 들여다보고 있었어
밀어내도 달아나지 않는
끝내 버려도 돌아서면 제자리인 것들

당신의 손가락이 길어서
슬프다는 말
그런 투명 속으로
나는 날마다 걸어 들어가는 중이다

당신은 같은 걸음으로 간격을 유지하고

나는 계속해서 걷고 있다

당신을 놓을 수 없는 이유를 온종일 생각한다

심근중처럼 바쁘고 새벽부터 체면은 상식도 없이 후회를 불러들이고

투명 속을 걸어가지도 못하고 나의 이 질긴 집착을 만지작거리지

어디까지가 투명일까

당신은 끝내 뒤돌아보지 않고

여전히 당신의 큰 손은 자라고 있다

예보
―대상포진*

우측 언저리를 강타할 태풍이 온다고
우후죽순 세포들이 먼저 예보를 한다
물컹한 물방울까지 급성으로 동반된다고

이방인처럼 불쑥 찾아온 계절 속에서
빈방에 도사리고 앉아 있듯
신경줄 두런거리며 선잠을 설친다

정맥 속으로 스며들어 오기를 드러낸 물집들
내밀한 어둠처럼 나의 옆구리 쿡쿡 찌른다
그날 밤 불쑥 찾아온 이별 후 통증인가

식탁에 앉아 마주 앉은 빈자리를 본다
데리고 살아야 할 통증이 있어서 다행인가 싶다가도
겹겹이 쌓인 눈물 쏟아내지도 못한 채
쉼표처럼 박혀 있다

식탁은 여전히 2인용이다

나와 빈자리
빈자리가 빈자리로 살아있다
터지지 못한 채 고이는 슬픔이
빈자리를 채워간다

나 혼자 이별의 문장을 한 봉지씩 삼키는 아침이다

---

*바이러스의 감염으로 일어나는 수포성 질환.

달개비의 생

쓰러진 나무토막 갈라진 틈새
이파리 속에 얼굴을 가린 채
가녀린 허리를 길게 늘이고 있다
할 일이 남았을까
팔월 염천 아래 뿌리내리고
내 발목을 한참 붙잡는다

살아있다는 것은 이런 것이구나
달개비의 얼굴이 어떤 믿음보다 강하다
무서운 결심이 없어도
슬픔의 무늬가 없어도
눈을 한번 감았다 뜨면
알게 되는 동병상련

죽음을 잊은 듯
죽음과 아무 상관 없는 듯
조용히 안부를 묻고 있다
지금 여기가 아닌 곳으로

여기가 아닌 곳을 묵묵히 걸어가는 자세로
견딤의 삶을 우듬지로 밀어 올린다

나는 괜찮아 너만 꽃피우면 돼
거처가 된 썩은 부위를 유순하게 핥으며
서럽지 않다고 재차 토닥인다
개화를 기다리며 내민 손짓에
가만히 몸을 흔들어주는
영원 같은 표정

이젠 달개비만 보면
당신의 하나뿐인 마중인 줄을 알겠다

어떤 울음

어떤 울음은 속이 비어 있다

먹구름 속에서
끝내 떨어지지 못하고 매달려 있는 빗방울처럼

내 안에 그런 울음이 있다고
이미 오래되었다고
마음속엔 울지 못하는 먹구름만 부풀어가고
속없는 울음만 둥글게 뭉쳐지고 있다

빈 것은 빈 것인 채로
그것이 울음일지라도
나의 마음속 우물에 닿는 일일 테니
조금 울어도 괜찮다

아직 내가 가야 할 내일이 있고
아직도 알 수 없는 바람의 방향으로
묵묵히 걸어야 할 오늘이 있다

제3부

오늘의 마음

여전히 연못은 연못 속에 있고
나는 나를 잃고 연못 앞에 서 있다
고요와 반복 속에 서 있고
모서리를 잃고 마음을 잃었다
그건 오늘의 마음 혹은
오늘이 없는 마음 같다

하늘과 구름 다 품는 연못 속에
나는 없고
나 아닌 것들은 가득하다
움직임 없이 멈춰 있는 물고기들을 지나
나 없이 흘러가는 하루를 바라본다

연꽃은 저렇게 뿌리를 감추고도
가능성을 내색하지 않는다
난 연못 가장자리에서
오랫동안 겨울의 안쪽이 던져주는
계절의 온도를 읽고 또 읽는다

틈의 목소리

콘크리트 앞에선 틈이 없는데
꽃 앞에만 서면 틈이 벌어진다
틈으로 훅 들어오는 꽃들의 수런거림
틈을 들키고 싶었다는 고백 같은 것
여기, 아스팔트 틈을 뚫고
자라난 민들레가 있다
이 꽃의 의지를 무어라 불러야 할까
황홀인가 아픔인가
고통의 아이러니인가
그러나 사람이 지나간 자리에선
틈이 보이지 않는다
나는 상처가, 슬픔이 흘러 무엇이 되길 바라지 않는다
무엇도 되지 말고 제 것으로 아물어가야 한다
그것이 흘러 다른 것이 된다는 말은 거짓말
상처가 힘이 되면 안 된다
슬픔은 그대로 슬픔으로 남아야
그것으로 살아가는 것이다
그냥 모두가 제 몸으로 사는 일

거기에서 틈이 생기는 것이다
나도 누군가에게 틈이 되어야 한다면
이 세계의 내가 되는 것
내 몸속엔 식물성이 없고
틈 하나 만들기 위해
나는 무수히 내 안으로만 넘어져야 한다
틈의 목소리는 그런 것이야 한다

구두를 읽다

낡은 구두를 닦는다
지나온 길은 기울어져 있고
오래 참아온 날들처럼 구석구석 익숙한 표정이다
기울어짐도 오래되면 반듯해진다
아니라고 하지 않는다
단련되지 않는 것들은 데리고 살아야 한다
어떤 슬픔도 그러하다
이제 이 구두를 신고 함께 걸어서 가볼 곳이 없다
함께 걸을 당신이 없다
내가 구두를 닦는 이유이다

기운 것들을 보려면 내가 기울이면 된다
수평이란 그런 것이다
내게 당신이 없다면 당신에게도 내가 없음을 아는 까닭이다
그건 그냥 두는 것
그 기울어짐에 기대어 보는 것
슬프다는 말을 구두처럼 닦아보는 것
다만 나는 뒤를 볼 뿐이다

뒤로 걸어 앞으로 나아가는 것
아니라고 할 수 없다

당신은 여전히 나의 바닥을 읽고 있다
다시 걸어가 만나야 할 당신이 남아 있다고
여전히 되돌아와 현관문을 열어야 한다고
이제는 누군가에게 헐거워질 수 있는 사람이 되어야 한다고

먼지를 다 털어내고 다소곳이 발을 집어넣는다
어둠 속의 사물들처럼 나는 조용해지고
다정해지고
잠이 든다

금지된 재현*

거울 속의 나는 나를 보지 않고
나는 거울 속에 나를 본다

누군가는 거울 속으로 자신을 만나러 간다고 했다
아픈 말이어서
식탁에 엎드려 운 적이 있다

거기엔 어떤 말들이 사는지
어떤 산책자가 숲속으로 헤엄쳐 떠났는지
나는 어떤 말로 나의 웅덩이를 파고 있는지

거울 속 나는 끊임없이 반성을 중얼거린다
하늘 한가운데로 비행기가 지나가듯
나의 심장이 반으로 나뉘어진다
왜 나는 나에게 반성을 강요하는지 묻지 않았다

지금 나의 반성은 흔하고 참회는 미약하다

감추고 싶은 추함이 등 뒤에 배어 있는지도 모른 채
이미 뒷모습은 과녁에 박혀 있는데
나는 끝내 나를 바라보지 않을 것이다
그것이 내가 거울을 보는 방식

반성의 말은 앞으로 밀고 나가는 것
표정을 읽으려고
한걸음 뒤에서 지나간 시간을 세고 있는 나는
그대로 슬픔이 된다

---

*르네 마그리트의 사내가 거울에 재현된 자신의 뒷모습을 보고 있는 그림.

불면

불면을 TV에 저장하고 채널을 돌린다
나는 영화를 보는데 불면은 씨앗을 파종한다
발아하기 전
냉장고의 우울이 우울, 거린다
불면과 우울을 묶어
냉동실에 넣고 문을 닫으면
얼마 동안 잠잠해질까

새벽 무렵 샤워를 한다
불면이 따라와 함께 몸을 맡긴다
굳어버린 우울이 함께 녹아서 흘러내린다
나는 어두운 것들을 들키기 싫어
거품을 잔뜩 낸다
이럴 때 거품은 과장일까 가면일까
가끔씩 답답한 감정으로
막히는 버릇이 있는 수챗구멍은 알고 있을까

거울을 본다

아직도 불면이 어스름 달처럼 스친다
맨얼굴인데도 나를 내가 이해하지 못하는 것만 같고
우울이 더 나를
또랑또랑하게 증명하는 것 같다
무거워지는 눈꺼풀 안
핏발 선 눈동자
한 곳에만 집중하는 쓸쓸한 밤

계단은 끝없이 되풀이된다
똑같은 높이 똑같은 걸음 똑같은 하루
나는 슬픔도 분노도 내려놓은 채 난간 쪽으로 걷는다
떨어질 것이다
떨어질 것이다
불면이라는 이 세계의 알리바이 속으로

기억의 지속*

모든 게 흘러내리기 시작했다

심장이 눈동자가 손가락이 성경책이
그리고 당신이
끝없이 가라앉는 중이다

그리고 나는 우두커니 서 있다
외로운 입체
녹지 않는 물처럼

나는 이제 어루만질 게 없다

흐르는 것들은 돌아보지 않고
돌아보는 것은 나뿐이어서
나는 눈금자처럼 칸칸이 부서지고 있다
그리고 나는 다시 온힘을 다해 흐르는 것들의 이름을 부른다 기억하려 한다

나의 뜨거움은 겨우 그런 것이다

이 모든 것을 알고 있는 당신은
왜 지금도 뒤돌아보지 않을까

그러니 이별 전에는 미술관 앞을 서성이지 말아야 한다

흘러서 사라지는 것들 앞에서
나는 언제나 가장자리의 생
사실적으로 눈물을 흘리고 나면
가장자리는 어디로든 흘러갈 수 있을까

가장자리가 가장자리를 버리면 나는 어떤 소리가 될까

---

*살바도르 달리의 그림 제목.

봄밤

안타까움도 없이 안타깝고
보이지 않아도 꽃잎 하나 떨어지는 걸 안다
달빛 없이 환하고
달빛이 찬란해도 어두워서
도무지 분간할 수 없는 시간 속을 걷는 것이다

착란처럼 피는 밤의 아지랑이처럼
나의 우울이 한밤중에 수없이 피어나
허공을 걷는 봄밤
내가 알던 이들은 너무 멀고
이 세상과 이 세상 아닌 것들이 혼곤히 누워 있는
마지막이어도 괜찮을 몽유의 시간

아무리 걸어도 길은 계속되고
자꾸만 멀어지는데 멈출 수 없는 마음
내가 나를 만지면
자꾸만 만져지는 내가 있고
자꾸만 사라지는 내가 있으니

나는 꽃잎처럼 떨어지는 중일지도 모른다

아니 떨어진다
날린다 고요해진다
슬퍼지는 중이다

여전히 나는 곳곳에 있고
곳곳에 없어서
봄밤을 앓는다

살을 쏘다

미모사의 촉처럼 서둘러 오므라든다
심장의 무게도 함께 울컥한다
나의 살은 언제나 내 안으로만 향한다
밤의 한가운데를 날아올라
또 슬픔의 한가운데 꽂힌다

처음부터 과녁은 없었는지도 모른다
허공이었고
지난 것이었고
계속되는 반복이 있던 것

죽은 새처럼
어디론가 사라진 무수한 살
내 등에 박힌 보이지 않는 슬픔이라면
나는 나의 과녁이 되어가는 중일까
이것은 아주 오래된 일
슬픔으로 설명할 수 없는 일
가엾은 나의 살

방향들
점 하나로 설명되는 삶에 대하여

부드러운 화살을 쏘아보고 싶은데
장승처럼 맹인처럼 우두커니처럼
내 속에 멈춤만 즐비하다

안경

하루 종일 끼고 다니던 안경을 벗는다
갑자기 주위 사물이 희미해지며
서로의 경계를 넘나든다
멀고 가까움이 하나다

사는 일이 무엇과 무엇을 나누는 일이었나
혹은 멀고 가까움으로 나뉘어지는 일이었나

선명함과 희미함 사이에서
나는 가만히 길을 잃는다
아니다, 새로운 길을 만나는 것이다

낯설게 날 보며 웃는 사물들
조금 더 부드럽게 나를 바라보는 풍경들

가까워도 멀기만 한 일상이
멀어도 가깝기만 한 슬픔들이
꼬리가 잘려 떠다니는 그림자 수를 늘린다

안과 밖이 희미해질 때
나는 조용히 서성인다
책상이 창문으로 걸어가는 모습을
어느 끝에선가 다른 길로 걸어가는 모습을
바라보곤 하였다

오전 10시의 여자

오늘의 감정엔 습도가 높고
나의 다정한 그릇들은 깨지지 않았다
후일담처럼 설거지가 안 된 개수대가 눈앞에 있다
하나둘 그릇을 빠져나간 것들 어디를 서성일까
공터는 그냥 공터
창밖은 그냥 창밖
나는 마치 살아있는 사람처럼 서 있다

초인종이 울린다
나를 두드리는 건 종교의 친절함
뻔한 결말이 보내온 말 건넴

간혹 햇살이 창을 넘어 들어왔다가 돌아가고
간혹 바람이 창을 넘어 들어와선 사라지고
나는 어디로 넘어져야 하는지 몰라 서성인다

나는 정말 내가 된 것 같아서 슬프다

그릇들을 씻어 가지런히 세워둔다
저렇게 말라갈 것이다
저렇게 말라갔을 것이다
오랫동안 차곡차곡 쌓여갔을 것이다

이제 거의 다 온 것 같다

창밖으로 오토바이 한 대가 지나간다
어디든 잘 가라고 말해주었다
가만히 손을 흔들어 주었다
구름이 그런 나를 또 오래 바라보고 있다
괜찮다고 말해주어야 하는데
아무 말도 하지 못하고 서 있었다

오지(奧地)

 오지에서 우리 만나요 남남인 채로 구름처럼 섞여요 슬픔을 전부 부려놓고 살림을 차려요 슬픔의 맨살이 햇살 앞에서 녹아내릴 때, 반달 모양의 이마를 마주대고 그 자리에 집을 지어요 방 한 칸만 있는 집, 한 칸 안에 들어가는 소문만 만들어요 입술이 붉은 아이들처럼

 전설 속에서 쫓겨난 짐승들과 숨바꼭질을 하는 종족이 되어 봐요 숨으면 보이고 보이면 숨으면서 최대한 결심을 해요 아침에 당신은 도끼로 나무를 패요 날을 세워 7시를 두 동강 내요 겨울 산이 갈라지고 우주의 모든 기운이 도끼날 끝에서 떨지만 누구도 아프지 않을 거예요 양파처럼 피 한 방울 흘리지 않고 속내를 전부 보여주고 말 거예요 나는 그 속내를 씻어서 밥을 안치겠죠 김이 모락모락 나는 찰진 따뜻함을 서로에게 먹여줘요

 하루 종일 가장 부끄러웠던 것을 이야기해요 가령 남의 호박을 따서 소꿉놀이를 하다 집에 가버린 일, 산 사람의 생일보다 죽은 사람의 생일을 더 잘 기억한 일, 소풍을 가서 남의

얘기를 하다 그 아이가 곁에 왔을 때 그 표정을 보여줄 때 머쓱했던 일, 부끄러움이 전부 사라질 때까지 기억이 명랑해질 때까지 다정하게 게워내요 할 수 있는 한 모든 생애를

  한참 후 우리는 발견되겠죠 모든 방향과 지도를 지웠으니 이건 발굴일지도 몰라요 처음 서리를 맞이한 한해살이풀처럼 어느 날 늙어버린 당신은 묻겠죠 왜 당신은 나의 최초와 마침내 닮아 있냐고, 난 늙은 개가 기척 하나에 놀라 짖어대는 것처럼 깜짝 놀라는 척 대답할 거예요 당신과 내 속엔 둘만 살기 좋은 오지가 너무 많다고

골목의 탄생

1
해가 지는 쪽으로 달려갔다
놀이는 끝나지 않았고
날마다 전진했다
우리의 심장 소리는 그렇게 골목으로 숨어들었고
밤을 맞았고 새로운 아침을 맞았다
대문 앞에 놓인 화분들처럼 자라고
시들어갔고
꽃이 피길 기다리던 여름을 기억한다

어머니는 자주 이름을 부르며 기웃거렸고
그림자들은 입을 틀어막고 숨어버리곤 했다
우리는 술래처럼 헤어지고 만나고
약속 같은 건 필요 없었다는 듯
골목을 뛰어갔다

조금씩 담장이 기울어지고
사람들이 떠난 골목

그 많은 지붕과 추녀들은 어디로 갔을까

골목을 통과한 속도로
기억들이 다 빠져나가면
달아날 수 없는 것들만 남았다
아, 하는 소리에 허공엔 우물이 생겨났다
직립에 붙잡혀 휘발되는 소리

몹시 앓고 난 후
골목으로 돌아왔다
무엇을 참회해야 할지도 모르는 마음처럼
그림자가 나와 멀리 떨어져 서 있다
사방이 막다른 골목이라면

나는 돌아온 것이 아니라
너무 멀리 떠나온 것이었다

골목은 여전히 환했다

폐허처럼

2.
아이들이 날마다 태어났다
그 아이들은 머잖아 골목으로 쏟아져 나왔다
침묵을 깨고 꿈틀거리는 산도(産道)
낯선 바람이 휘돌아 나가는 동안
모퉁이를 서성이며 돌아본다
골목의 풍경이 산기의 기억처럼
하체를 관통한다
굴곡진 속이 언제나처럼
짐작하지 못하는 허기가
이명처럼 떠돈다
간간이 들리는 기침 소리가
미끄러지던 신음 소리로
태어나는 울음이
흥건한 비밀처럼 부드러웠던 것을
바라보는 순간

나의 눈동자 속으로 숨어드는 불빛들
나는 이제 달아날 곳이 없다

11월 잎들에게

이젠 손 흔들지 않는다
안녕이라 말하지 않는다
그래도 캄캄하지 않다
저마다의 무늬로 살아있다
떨어진 잎들에게 묻는 것이다
어떤 마음이 이리 붉은 것인가
무늬 속을 걸어 우리는 어디로 가고 싶은 것입니까

여기가 온힘으로 달려온 곳이라면
나는 여기에 입을 맞추고
나는 여기를 살아도 이 낮음이 외롭지 않다
어떤 바닥은 비로소 닿은 마음이 된다

한여름의 햇살보다 뜨거운 잎맥의 등뼈
온몸을 휘감는 햇살 한 올에도
여진처럼 잔물결처럼 흔들린다

아직 내가 여기 있다는 말

차가운 밤이 오고
겨울의 언덕 위에 있다 하여도
여전히 여기 있다는 말

차갑게 있고
혼자 있고
휩쓸려 구른다 해도
있다는 말을 잊지 않는 것
떨어진 잎들은
그런 말을 하고 있는 것이다

꽃이 한 번 더 크게 울었다

기시감처럼 향기를 품고 싶지만

고통으로의 날 앞에
꽃이 한 번 더 크게 울었다

사람들이 떠난 도시를 그녀는 떠나지 못했다
벽과 벽 사이에서
하루가 시작되지만 끝나지 않는 하루

꽃은 피고
꽃은 여전히 향기롭고
태양은 눈부시다

어둠은 어둠일 뿐이고
두려움은 두려움일 뿐이다

꽃의 울음은 그렇게
폐허 속에서 피어나고 있었다

제4부

파놉티콘*

소파가 자꾸 뒤척인다
심장의 고동은 터질 듯 팽팽히 흔들거리고
허기를 달래려는 달이 모서리를 갉아 먹는다
밤에 화분에 물을 준다
물받이 너머까지 뿌리에 생각이 넘친다
이곳에서 나는 나에게로 자꾸 자란다
하늘을 길들이는 건 거울의 몫이고
야성을 길들이는 건 집의 몫이다
유리창이 투명을 벗을 때까지
예리한 촉수가 되어 기어 다닌다
사각의 틀이 끝내
둥글어지는 순간이 언젠가 올 것이다
모서리가 다 없어질 때까지
나는 끝내 1인용이다

---

*죄수를 감시하기 위해 만든 원형감옥.

노을

괄호 안의 묶임처럼
내가 쓰지 못한 문장들처럼
노을은 그렇게 온다

아직은 살아서 그렇게 오는 것이다
하나의 하늘과 하나의 바다가
지는 것이 아닌
끊임없이 산란을 하는

여기와 거기가 따로 있지 않다는 말
그 하루가 삶이어서
산책자의 저녁을 사랑했다
세계는 오직 붉었고
나의 이야기는 오래되고 쓸쓸했지만
저녁의 나무에는 저녁의 새가 살고
어느 집에선 붉은 등이 켜질 때
나는 나의 등을 오래 밀어주는 것이다

슬픔이 따뜻해질 때까지
누군가 그런 건 없다고 할 때
그럴 수 없음을 잊을 때까지
나는 나를 배웅하고
나는 나를 맞아들이는 것
노을은 지는 것이 아니라 거기서 노을을 살아내는 것이라고

산책자의 걸음마다
어떤 슬픔이 발자국처럼 고이더라도
또 다른 걸음을 떼는 일이다

눈물의 온도

그루터기에 새로 난 잎 한 장
나무의 내력을 천천히 읽고 있다
나이테에 새겨진 수십 년의 세월이
발견되지 못한 유서의 표정 같다

무엇이 저 잎을 밀어 올렸을까
어떤 슬픔의 온도가 저 연두를 밀어냈을까

누군가 방금 떠난 자리 같다
나는 이제 어느 쪽으로도 자라지 않는다
좁아진 채 멈추어버린 나이테처럼
어찌할 줄을 모르고 있다
무엇을 기억해야 하는 것일까
어디로든 흘러가면 닿을 수 있을까

나는 벌레처럼 사각사각 나뭇잎 안쪽을 파먹는다
그리고는 와락, 꺼칠한 그루터기를 껴안아 본다
차갑다

혹은 너무 뜨겁다

여름이 폐허 속을 걸어가는 동안
눈물의 온도는 데워질 것이다

찬란은 그런 것이다
폐허 속에 자라는 것
보이지 않는 것을 사랑하는 것
계속 달아나는 것
달아날 수 없음을 아는 것
아는 것으로부터도 다시 달아나는 것

슬픔을 알뜰히 챙겨주는 것이다

볕뉘

누군가 남겨두고 간 다정 같았다
손으로 잡을 수 없지만
몸에 닿는 마음
숲은 그런 마음들로 가득하다

겨우 건딘 마음으로 숲을 걷는다
나를 마중하는 마음 혹은 배웅하는 마음
다 이해할 차례

그런 생각이 깊은 궁리가 되도록
나무 그늘에 앉아보는 것이다

볕뉘는 그림자의 다른 모습이다
이해의 차례가 달랐을 뿐
나는 여전히 내가 되어가는 중이다

숲이 내게 전해주는 전언
모르는 이가 쌓은 돌탑처럼

긴 잠에 들고 싶은 숲속의 산책
마음의 볕뉘가 처음부터 내 안에 있었던 거다

나는 그림자 속에서만 살지 않았다

복수초 마음

처음 들어보는 귓속말처럼
언 땅을 밀어 올리는 복수초
어긋난 잎들은 그렇게 지나온 시간의 흔적
어긋남으로 나아가는 힘이다

모든 게 다시 봄이지만
한 번도 그냥 오는 봄은 없다는 것을 알았다
아무도 없는 캄캄한 밤을
오직 제 안의 마음만으로 걸어왔을 계절
제 이름으로만 나아갔을 마음

그것이 봄인들
봄이 아닌들 어떤가
흰 눈과 노랑 사이에서
나는 즐겁게 길을 잃는다

바닥에 낮게 피어 있는 저 노랑의 자세
제일 먼저 뜨거운 기척을 내게 보내려고

어젯밤 꿈속을 물들였던 것일까
나는 가만히 엎드려
아무도 읽지 않은 봄의 안부를 읽는다

겨울과 봄 사이를
단호하게 걸어가는 복수초를 따라
오래 걷기로 한다
어떤 생과 사를 뛰어넘는 이데아처럼
처음으로 맞는 봄인 것처럼
모든 게 봄인 것처럼

오로라를 찾아서

여전히 기다림의 시간이 흘러간다
여러 가지 색깔의 그러데이션을 이루는 하늘과 구름 사이의 비명처럼
보아줄 사람은 많은데 나타나지 않는 오로라처럼
밤이 몰려온다
밤이 빛날수록 빛도 빛난다고 말하는 사람들 속에서
감미로운 실크의 펄럭임 속에 온몸이 휘감기는 날
빛을 사냥하는 꿈을 꾼다
그것은 나의 나라에 갇혀 있는 보라색 고래
내가 갖게 된 상처
검은 어둠의 바다를 홀로 헤엄치는 사람
따라가고 싶었다

산책하는 별을 지나
그 별에 꽃을 건네는 다정으로
휘청이듯 걸어가는 눈보라
혹은
녹색의 잎을 걸어가는 달팽이처럼

두 손을 주었다
보이지 않아도 빛나는 것이 있다는 것을 아는 마음
내가 놓친 모든 것들이 커튼처럼 펄럭이는 밤의 바다에
나는 입체적으로 숨어든다

하늘 속으로 천천히 떼를 지어 흘러가는 보라색 고래 떼

차갑고
뜨겁다

아직은 살아있다는 말이 슬픈 것이다

어떤 마라토너

새벽은 슬픔이 아니어도 완강하다
인력 사무실 앞에서
사내는 자주 종이처럼 접혔다
작은 기다림에도 또 한구석이 접혀지곤 했다
햇살이 무섭게 달려드는 동안
사내는 아무 말도 하지 않는다
이제 검은 태양을 등에 지고
저마다의 터널 속을 걸어야 할 것이다
어둠 속에서 밥알을 삼키면
소화되지 못한 것들이
찰기 없는 잠꼬대가 되어 흘러나올 것이다
어디선가 사과는 알이 굵어질 것이고
햇살에 반짝일 것이다
모르는 아이들은 날마다 태어나고
날마다 그런 세계의 곁을 지나간다 달려간다
사내의 걸음보다 세계는 항상 빠르다
도착한 세계는 이미 달아난 세계
불탄 흔적이 가득했다

사내는 거기서도 달렸다
증명할 것 없이도 그랬다
슬픔이 아니어서 투명한 슬픔 같은 것들이 흩어졌다
가슴엔 각진 돌멩이들이 자꾸만 쌓였다
어떤 속도가 돌멩이를 뭉치는지 가슴이 뜨거워지곤 했다
죽을 듯이 아프면 죽을 듯이 달렸다
밤 위에 다시 밤이 오고
눈을 감으면 알맞은 햇살이 가득한 집이 있었다
물고기를 키워야겠다고 생각했다
딱딱한 어둠을 향해 사내는 달리고 또 달렸다

둥근 모서리가 아름답다

봄에는 새로운 모서리들이 많다
밖을 향하지만 날카롭지 않은 모서리
가까이 다가와도
피 흘리지 않게 하는 모서리

꿀벌이 꽃에 상처를 내지 않듯

날카로운 끝이 내 안으로만 향하던 날들
안과 밖의 얼굴이 함께 웃지 못하는
봄은 너무 멀고

모서리를 둥글게 읽으며
날카로움도 받아낼 즈음
둥긂 속에 무수하게 아팠던 마음을
이제는 이해할 수 있다

봄날은 멀리서 오는 것이 아니라
내가 봄이 되는 것이다

화엄사 흑매(黑梅)

　흑매는 없지만 있다 보려는 사람에게만 보인다 눈물 다발로도 부족한 당신의 마음이 닿는 순간 벙근다 휴월(虧月)의 그믐밤 수천 밤을 포개어 보내며 혈관이 터지도록 꽃물을 끝까지 퍼 올리면 가슴에 묶어둔 회한이 온통 붉음으로 눈을 멀게 한 후 핀다 산통을 겪는 소리, 귓가에 신생의 자지러짐처럼 들린다 나의 온몸이 아프다 꽃샘바람은 오늘부터 자신을 시샘하는 바람이고 그 흔한 꽃말들은 속내를 감추기 위한 소문이다 만개한 꽃잎이 어느새 잠잠해지는 동안 풍경 소리가 쉼 없이 산사를 맴돌며 애잔한 번뇌를 삭힌다 오래 참았던 기침처럼 그대에게 왈칵 쏟아내고 싶던 늦은 전언, 말없이 떨어뜨리며 봄날과 함께 내가 지고 있다

엄마라는 말

봄 햇살
혹은
봄 햇살이 아닌 모든 것에서

아무리 숨을 참아도 터져 나오는
달콤함
혹은
달콤함이 아닌 모든 것에서

오늘은 그 어떤 것이라 부를 수 없는 밤
혹은
밤으로 가득 찬 한낮 속에서

나는 그 심장 가까이에서
와락
따라 웃는다
마음껏 쓰려져 보는 것이다

아름답다
아름다울 수 있는 것이다

구석구석 설운 마음에도
새봄처럼 연두 잎이 올라온다

눈을 뜨면 보이는 모든 것
눈을 감으면 보이지 않는 모든 것

그런 말이 있다

일몰 후

비바람 소리가 나를 가두었다
낮이 밤이 되고
밤이 또 밤이 되는 그런 날이 있었다

창문을 닫고
상자 속 상자가 되었다
다시 그 상자 속을 수십 번쯤 지나서
숨어서 울고 싶은 마음도 숨기고 버려서

나는 밤보다 더 깜깜해지고 싶었다
그렇게라도 밤을 지나고 싶었지만
눈을 뜨면
다시 일몰이 시작되고 있었다
낮도 없이 낮이 사라지고 있었다

상투적으로
웃었다

진부한 삶이 좋기도 하고
싫기도 하였다

그렇게 말하고 싶은데 말을 하지 못했다
나는 나의 마음 옆에 나란히 누워보지 못했다

황금 편백의 울음
— 소록도 중앙공원

누가 울음을 꽁꽁 묶어놓았나
행여, 라는 소식만 이지러지도록 기다리다
그 속에 숨어 있는 비밀처럼
혈관을 타고 애면글면 번져간다
나를 묶어놓은 바다를 끌어안고 기도했어
날 떠나게 해줘, 제발
색소폰을 불다 만 혀의 주법처럼
나뭇잎은 목소리로 뱉어냈다
떨림은 아름다운 음파 같았고
떨림을 먹고 떨림을 지우려고
잎들이 수런거리며 자라났다
가지 끝에 붙어 응시하는 것은
열매가 아니라 애련이었을까
바람조차도 세상의 비정함을 긁는다
온몸을 휘젓자 농(膿)이 되어 옆구리로 터져나온다
이곳에선 누가 누구를 위로할 수 있을까
동행이란 얼굴 위로 따가운 눈총만 파고들 뿐
뼛속 깊은 곳까지 핥으며 넘나들던 응어리가

살점 속에 다시 녹아 입김 되어 퍼진다
손사래 치며 마다해도
갈 길 먼 당신 앞에 눈물 다발도 부족하니
그믐밤 연한 달빛마냥
아무도 모르게
그대의 촉수 위에 은은하게 스밀 거다
향기도 때론 울음이라는 듯

폐차장 가는 길

참 많은 소리를 가졌다
그 소리를 듣다 보면 그 삶의 무늬들이 생각난다
으르렁과 그르렁
쌕쌕과 스릉스릉
누군가의 처음이고 누군가의 마지막이 되는 동안
수십만 킬로미터를 달려왔을 심장

고개 숙이고 엎드린 채
저를 놓아버렸다

언젠가 한밤의 폭설을 맞으며 나를 기다렸고
이국의 먼 곳 같은 언덕의 밤을
함께 살아냈던 기억
세상 속의 또 다른 우주였을

겹겹이 늘어선 채 차들이 끌려 나간다
천국 폐차장은 있는 걸까 없는 걸까
바퀴의 다음 생을 생각하다가 신호를 하나 더 놓친다

경적이 울리고 으르렁거리는 엔진 소리가 들린다
그래, 당신들은 아직 살아있다
살아있다

창밖엔 소음이 생소하게 팽팽하다
겹겹이 늘어서서 순서를 기다리는 차들은
생의 이면을 뒤척이다 눈을 감는다
아프겠죠, 누군가 묻는다
아니요, 아프다는 건 살아있다는 말인걸요
노래를 부르는 건 어때요
거기와 여기가 다르지 않다는 듯
자주 듣던 노래를 허밍으로
그렇게

누군가의 안부

누군가의 면벽은 허공이었다
너무 많은 길은 갈 수 없는 길이라고
선문답처럼
새들이 하늘 속으로 미끄러질 때

멀리 동해를 향해
끝없이 절반의 자세만을 타전하고 있는 나는
침엽의 그늘 속에서
온힘을 다해

웃는다, 웃지 않는다
그러므로 슬프다고 말하지 않는다

그렇군요
묻지 못한 말들이 허공에서 구름이 되는 동안

해설

슬픔과 재생의 언어

이정현(문학평론가)

> "반성의 말은 앞으로 밀고 나가는 것
> 표정을 읽으려고
> 한걸음 뒤에서 지나간 시간을 세고 있는 나는
> 그대로 슬픔이 된다"
> ―「금지된 재현」

　상실을 견디는 자는 다양한 증상을 보인다. 증상 중 가장 심각한 건 언어의 한계를 자각하는 일이다. 상실을 표현하는 언어는 언제나 결여를 동반한다. 상실을 온전하게 표현하는 것은 가능한가. 슬픔을 위로하기에 정확한 언어는 없다. 그러므로 상실을 겪은 자는 견딤의 시간을 통과해야만 한다. 이태숙의 시집 『아직은 살아있다는 말이 슬픈 것이다』에 수록된 시들은, 견딤의 시간을 통과하는 자의 내면을 담고 있다. 시적 주체는 "사는 일은 늘 조금은 기울어져야 하는 일"(「잎에서 입으로」)이라는 사실을 아프게 자각한다. "비문처럼 해독되지 않는"(「바다와 나비」) 나날 속에서 "마음과 마음 사이"(「그림 속에서는 여전히 눈이 내리고」)를 떠돈다. 주변의 대상들은 모두 상실을 되새김하는 매개체가 된다. 냉동 새우를 해동하면서 "끝내 펴지지 않는 생활"(「감바스」)을 곱씹고, 계란을 손에 쥐면서 "온도가 없는 세계"(「계란의 세계」)를 떠올린다. 이런 은유는 마치 해독할 수 없는 비문과도 같다. 시를 읽는 사람은 상실을 오래 견딘 자의 쓸쓸한 내면과 마주한다. 시적 주체는 거미줄에 매달린 빗방울에 자신을 투영한다.

> 거미줄에 매달린 빗방울 흔들린다
> 얼마쯤 견디면 떨어질 수 있을까
> 견딤이 떨어짐을 위한 것이라면
> 나는 너무 오래 견뎌왔다
>
> 빗방울은 말이 없고
> 나의 궁리는 더욱 무겁고 둥글어진다
>
> 그런 것이다
> 둥글어진다는 것은 빈칸 없이 견딤을 채우는 것
>
> 그 모든 궁리가 다했을 때
> 비로소 툭 놓을 수 있는 마음도 없이
> 나는 일찍이 세계로부터 떨어져 나온 빗방울

뭉쳐진 빗방울을 보면
그만 떨어져도 된다고 말해주었어야 했다

거미줄에 매달린 빗방울 흔들린다
저 오랜 질문에 대하여
아직도 다하지 못한 대답
나는 지금도 둥글게 뭉쳐지고 있다고
그때로부터 지금까지 이렇게 흔들리고 있다고

빗방울은 나의 또 다른 얼굴
떨어지지 않고 점점 추처럼 매달린다
밤보다 더 무겁고 더 어둡다
친절해지지 않은 이 세계의 밤
나는 나에게 그만 떨어져도 괜찮다고 말해주었어야 했다
     ―「떨어져도 된다고 말해주었어야 했다」 전문

 낙하하거나 그 자리에서 서서히 사라질 운명인 물방울을 보면서 시인은 "빗방울은 나의 또 다른 얼굴"이라고 말한다. 거미줄에 매달린 물방울은 곧 떨어지고 말 것이다. '나' 역시 그러하다, 하지만 아무도 "떨어져도 된다"고 말해주지 않는다. 1부에 수록된 시에는 삶의 유한성을 자각한 자의 회한이 가득하다. 그것은 "살아지는 걸 용서할 수 없어서 걷는"(「새」) 행위로 압축된다. 살아있는 것들은 상실을 피할 수 없다. 삶이 유한하고, 일회적이라는 사실은 양가적이다. 다수의 사람들은 삶의 유한성을 필사적으로 외면하는 길을 선택한다. 그래야만 슬픔에 매몰되지 않기 때문이다. 이 선택에 망각은 필수적이다. 그들은 낡고, 몰락하는 것들과 거리를 두면서 삶이 유한하다는 사실을 망각하고자 한다. 반면 시인은 망각과 거리를 두면서 "차곡차곡 쌓인 슬픔"을 응시한다.

> 참회의 시간은 언제나 늦고
> 나가는 문과 들어오는 문이 같다는 것은 어떤 마음일까
>
> 살아지는 걸 용서할 수 없어서
> 걷는 것이다
> 복도 끝은 날마다 연장되고
> 끝이 끝을 낳는다는 걸 견딜 수 없어서
> 나의 걸음은 한없이 느려진다
>
> 당신의 어두운 이마에서 날아가는 새를 보았다
> 허공의 계단을 따라 슬로우로 슬로우로
> 마치 차곡차곡 쌓인 슬픔을 건네는 것 같았다
> 다하지 못한 말들이

나이테처럼 생겨나고 있었다

　　누가 기다리고 있는 것이다
　　당신을
　　나를

　　　　　　　　　　　　　　　—「새」 부분

「새」의 화자는 응급실 복도를 오가고 있다. 삶과 죽음이 교차하는 공간에서 '나'는 "누가 기다리고 있"다고 말한다. 그것은 바로 이별, 혹은 죽음일 것이다. 사랑하는 사람을 잃은 직후 우리를 힘들게 하는 것은 한때 곁에 머물던 어떤 대상의 '부재'다. 부재로 인한 상실감을 통과한 후 우리는 자신의 삶 역시 유한하다는 사실을 자각하게 된다. 「새」의 시적 주체 역시 그러하다. 소멸이라는 공통된 운명을 깨닫기 전 '나'는 먼저 '당신'을 기억한다. 2부에 수록된 시에서 '당신'이 거듭 호명되는 이유다. '나'는 집요하게 '당신'을 기억한다. '나'의 꿈속에서 "매번 당신은 울거나 웃고 있"(「드림캐처」)다. 그럴 때마다 '나'는 참고, 단정하려고 애쓴다.

　　매번 당신은 울거나 웃고 있다

　　누가 더 가엾을까

누가 더 오래 우는 것일까

다만 나는 참는다
단정하려고 애쓴다
피투성이가 되어

내 꿈이 해석될 때마다 당신의 하루가 닫힌다
단 하나의 문장만 그물에 걸려 파닥인다

오래 옮겨가는 마음을 본다
어디에도 닿을 수 없어서
썩어갈 수 없어서

나를 밀어가는 것이 내가 아님을 알고 있다
—「드림캐처」 전문

   당신은 떠났지만, 여전히 존재한다. 당신은, 모든 풍경 안에 있다. '별빛'(「배웅」)에도, '꽃들'(「국화차」) 곁에도, '휘어지는 해안선'(「밤의 바다에서」)에도 '나'는 당신의 흔적을 보고 느낀다. '나'에게 "당신이 떠난 세상"은 "먼지처럼 흘러간 시간의 대답"(「손가락을 만져본다」)이다. '나'는 여전히 곁에 머무는 당신에게 말을 건넨다.

잘 있지? 끝까지 같은 모습이구나

나는 유령처럼 서 있고
당신은 나처럼 앉아 있는 밤

…(중략)…

당신을 잃고 나는 말을 잃었다
네트 너머엔 아무도 없고
사방은 밤의 바다를 닮아갔다
날마다 바다는 넓어졌고 멀어졌고
부풀고 아팠으므로

당신을 잃기로 했다
당신의 모든 걸 기억하는 방식으로

불면은 슬프지 않았다
숫자를 세다가 다시 헝클어지는 금요일 밤
나와의 비밀을 발설할 것 같은 밤의 입술이
밤의 바다보다 검게 풀어지고 있다
바다를 걸었다

병든 마음으로 오래도록 걸었다
—「밤의 바다에서」부분

시적 주체는 "당신의 모든 걸 기억하는 방식으로" 당신을 잃겠다고 말한다. 도처에 죽음과 슬픔이 가득하지만 '잃겠다'는 말은 망각이나 체념을 의미하지 않는다. 이것은 가장 첨예한 사랑인 '애도'를 담은 표현이다. 상실의 고통에 시달리던 시적 주체는 '당신'을 애도하면서 자신의 슬픔을 억누르지 않는다. 그래도 아무것도 달라지지 않는다. "식탁은 여전히 2인용"이고 "빈자리가 빈자리로 살아"있다. 날마다 '나'는 홀로 밥을 먹으면서 빈자리에 "터지지 못한 채 고이는 슬픔"(「예보」)을 채운다. 남은 눈물을 다 쏟아부은 '나'는 비로소 "빈 것은 빈 것인 채로" 방치하겠다고 말한다. 어떤 은유나 과장도 없이.

어떤 울음은 속이 비어 있다

먹구름 속에서
끝내 떨어지지 못하고 매달려 있는 빗방울처럼

내 안에 그런 울음이 있다고
이미 오래되었다고
마음속엔 울지 못하는 먹구름만 부풀어가고

  속없는 울음만 둥글게 뭉쳐지고 있다

  빈 것은 빈 것인 채로
  그것이 울음일지라도
  나의 마음속 우물에 닿는 일일 테니
  조금 울어도 괜찮다

  아직 내가 가야 할 내일이 있고
  아직도 알 수 없는 바람의 방향으로
  묵묵히 걸어야 할 오늘이 있다
―「어떤 울음」 전문

 이제 '나'는 조금은 가벼워진다. 3부에 배치된 시에는 모든 눈물을 쏟은 시적 주체의 슬픔이 담겨 있다. '나'는 아직 슬프지만, 이제는 슬픔을 삶의 원리로 환원하는 법을 조금씩 터득한다. 2부에서 '당신'의 흔적에 집착하던 '나'는 이제 주변을 다시 바라본다. 여전히 당신의 흔적은 도처에 널려 있다. 하지만 '나'는 이제 "틈의 목소리"를 들을 줄 안다. 아스팔트 틈을 뚫고 자란 민들레를 보면서 '나'는 "틈 하나 만들"기 위해서 "무수히 내 안으로 넘어"진 기억들을 떠올린다.

  여기, 아스팔트 틈을 뚫고

자라난 민들레가 있다

이 꽃의 의지를 무어라 불러야 할까

황홀인가 아픔인가

고통의 아이러니인가

그러나 사람이 지나간 자리에선

틈이 보이지 않는다

나는 상처가, 슬픔이 흘러 무엇이 되길 바라지 않는다

무엇도 되지 말고 제 것으로 아물어가야 한다

그것이 흘러 다른 것이 된다는 말은 거짓말

상처가 힘이 되면 안 된다

슬픔은 그대로 슬픔으로 남아야

그것으로 살아가는 것이다

그냥 모두가 제 몸으로 사는 일

거기에서 틈이 생기는 것이다

나도 누군가에게 틈이 되어야 한다면

이 세계의 내가 되는 것

—「틈의 목소리」 부분

롤랑 바르트는 상실 뒤에 이대로는 안 되겠다고 느끼고, 뭐라도 해야겠다고 생각했을 때 떠올리는 것이 '욕망'이라고 명명한 바 있다. 욕망의 리스트를 적으라고 한다면 누구나 리스트를 무한대로 작성할 것이다. 하지만 그 리스트가 불가피

하게 상기시키는 것은 삶의 유한성이다. 롤랑 바르트가 말한 상실 이후의 욕망은, 더 많은 것을 소유하고 싶다는 일반적인 의미의 욕망이 아니다. 그것은 슬픔과 애도의 시간을 의미한다. 누군가는 이렇게 물을지도 모른다. 슬픔과 애도는 힘이 없고, 이별과 죽음은 돌이킬 수 없다. 살아갈 힘은 오히려 망각으로부터 생겨나지 않을까, 어쩌면 시인도 반문(反問)의 주인공이었을지도 모른다. 하지만 누군가를 깊게 사랑해본 사람은 안다. 사랑하는 대상을 상실한 이후에도 무언가에 즐거워하고, 멀쩡한 일상을 보내다가 어느 순간 엄습하는 고통을. 이 수수께끼 같은 고통은 단지 외로움의 증거가 아니다. 롤랑 바르트는 『애도 일기』에서 그 상실을 겪는 자의 상태를 이렇게 적고 있다. "시간은 아무것도 사라지게 만들지 못한다; 시간은 그저 슬픔을 받아들이는 예민함만을 차츰 사라지게 할 뿐이다."

   3부와 4부에 수록된 시에는 상실의 고통을 묘사한 전반부의 시들과는 달리 회복과 재생에 이르는 힘겨운 과정이 담겨 있다. 혼자 남겨진 것을 인정했지만 '나'는 여전히 '당신'의 기억과 흔적을 마주한다. 그러나 이제 '나'는 자신에게 너그럽다. 상실의 고통과 남은 삶을 분리할 수 없다는 사실을 '나'는 자각한다. "어떤 바닥은 비로소 닿은 마음"(「11월 잎들에게」)이 된다는 깨달음은 새롭게 삶을 지탱하는 원동력이 된다. 상실 이후의 나르시시즘에서 벗어난 '나'는 조용히 말한다.

이젠 손 흔들지 않는다

안녕이라 말하지 않는다

그래도 캄캄하지 않다

저마다의 무늬로 살아있다

떨어진 잎들에게 묻는 것이다

어떤 마음이 이리 붉은 것인가

무늬 속을 걸어 우리는 어디로 가고 싶은 것입니까

여기가 온힘으로 달려온 곳이라면

나는 여기에 입을 맞추고

나는 여기를 살아도 이 낮음이 외롭지 않다

어떤 바닥은 비로소 닿은 마음이 된다

한여름의 햇살보다 뜨거운 잎맥의 등뼈

온몸을 휘감는 햇살 한 올에도

여진처럼 잔물결처럼 흔들린다

아직 내가 여기 있다는 말

차가운 밤이 오고

겨울의 언덕 위에 있다 하여도

여전히 여기 있다는 말

―「11월 잎들에게」 부분

 '당신'을 애도하는 시간을 통과한 후 '나'는 "달아날 수 없음"을 알고 "슬픔을 알뜰히 챙겨"(「눈물의 온도」)주겠다고 다짐한다. 이런 다짐은, "보이지 않아도 빛나는 것이 있다는 것을 아는 마음"(「오로라를 찾아서」)으로 나아간다. 슬픔에 중독되었던 시적 주체는 이제 슬픔과 공존한다. '나'는 당신을 잃은 후에 무너졌던 세계를 겨우 복원한다. 시적 주체가 지독한 나르시시즘과 에고이즘에 시달리는 과정에서 깨달은 것은 슬픔을 극복하는 건 불가능하다는 사실이다. 사랑했던 것을 놓으려 하지 않을 때 고통은 더 깊어진다. 상실을 인정하지 않을 때 사람은 이기적인 선택을 반복한다. 이기적인 자는 결국 자신을 망쳐버리고 만다. 4부에 실린 시들은 상실을 다루면서도 조금도 격렬하지 않다. 상실을 인정하면서 시인의 언어는 조금씩 부드러운 긍정으로 진화한다. 그러면서 슬픔으로 자신의 무너진 세계를 복원한다.

> 산책하는 별을 지나
> 그 별에 꽃을 건네는 다정으로
> 휘청이듯 걸어가는 눈보라
> 혹은
> 녹색의 잎을 걸어가는 달팽이처럼

두 손을 주었다
보이지 않아도 빛나는 것이 있다는 것을 아는 마음
내가 놓친 모든 것들이 커튼처럼 펄럭이는 밤의 바다에
나는 입체적으로 숨어든다

하늘 속으로 천천히 떼를 지어 흘러가는 보라색 고래 떼

차갑고
뜨겁다

아직은 살아있다는 말이 슬픈 것이다
—「오로라를 찾아서」 부분

  이 시집에서 줄곧 1인칭 시적 주체가 등장한 이유를 이제 알 것 같다. 이태숙의 시집 『아직은 살아있다는 말이 슬픈 것이다』는 상실을 견디면서 재생과 회복에 이르는 과정을 기록한 시인의 '일기'처럼 읽힌다. 그리고 우리는 시인이 「누군가의 안부」라는 시를 마지막에 배치한 이유를 짐작하게 된다. '나'라는 슬픔에 갇혔던 자는 타인의 슬픔에도 예민하게 반응하게 된다. 인간은 서로의 슬픔에 감응하면서 조금씩 회복되는 존재다.

웃는다, 웃지 않는다

그러므로 슬프다고 말하지 않는다

그렇군요

묻지 못한 말들이 허공에서 구름이 되는 동안

       ―「누군가의 안부」부분

시인동네 시인선 208

아직은 살아있다는 말이 슬픈 것이다
ⓒ 이태숙

초판 1쇄 인쇄	2023년 7월 12일
초판 1쇄 발행	2023년 7월 19일
지은이	이태숙
펴낸이	김석봉
디자인	헤이존
펴낸곳	문학의전당
출판등록	제448-251002012000043호
주소	충북 단양군 적성면 도곡파랑로 178
전화	043-421-1977
전자우편	sbpoem@naver.com

ISBN 979-11-5896-600-3 03810

*이 책의 판권은 지은이와 문학의전당에 있습니다.
*양측의 서면 동의 없는 무단 전재 및 복제를 금합니다.
*잘못 만들어진 책은 바꿔드립니다.